El Libro de los Valores para Niños

POR KAY McSPADDEN

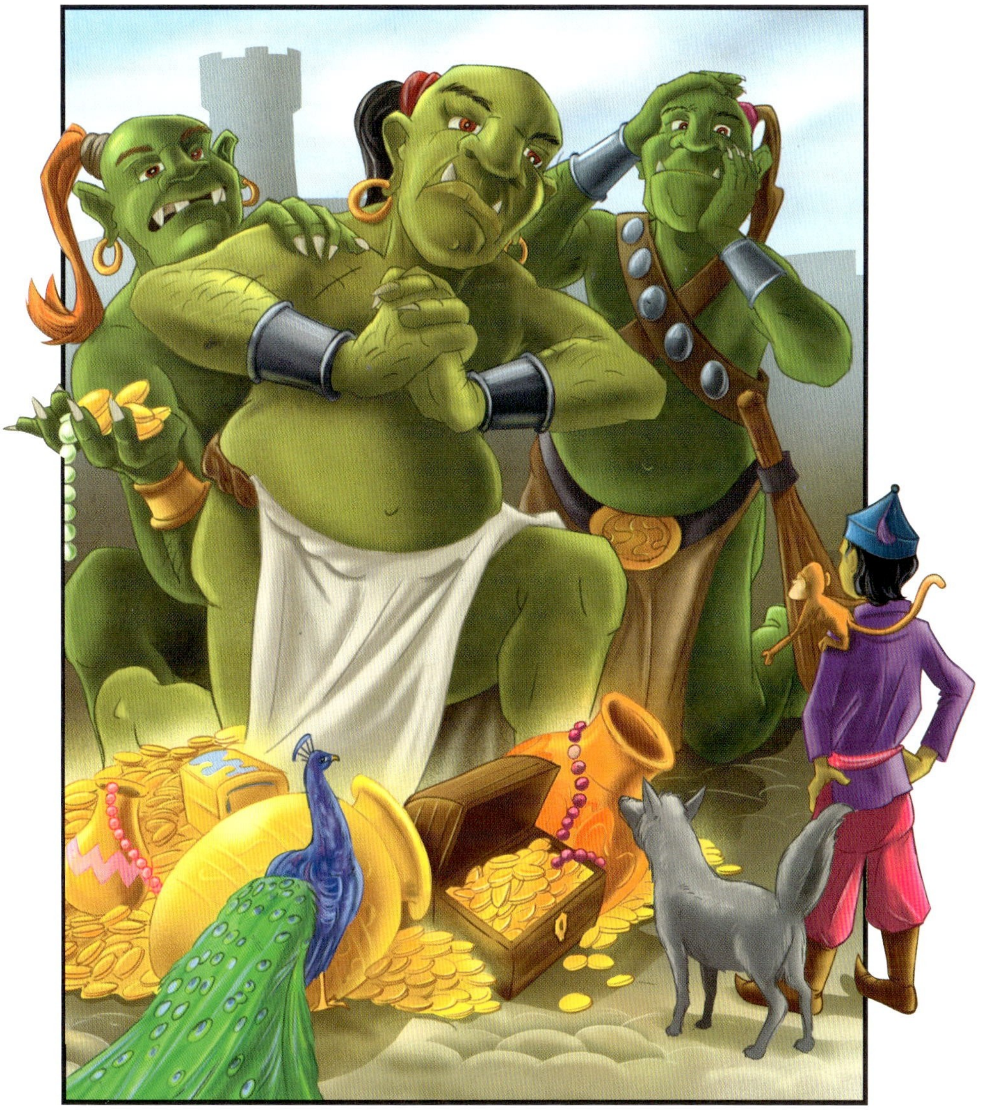

Los ogros salieron corriendo de la torre y vieron a Duraznito y sus compañeros de viaje fieramente apostados para el combate.

STAMPLEY

Publicado exclusivamente por
C.D. Stampley Enterprises, Inc.
en colaboración con Creations for Children International.
Copyright © 2010, para ilustraciones y material gráfico,
Creations for Children International, Bélgica.
Todos los derechos reservados.

Historias seleccionadas y narradas por Kay McSpadden.
Introducción y Glosario de Kay McSpadden.
Traducción al español, Teresa Sanz Falcón.
Copyright © 2010, todo el texto,
C.D. Stampley Enterprises, Inc., Charlotte, NC, USA.
Todos los derechos reservados.

C.D. Stampley Enterprises, Inc., Charlotte, NC, USA.
Email: info@stampley.com
ISBN 978-1-58087-154-9 • Código V275

Library of Congress Cataloging-in-Publication Data

McSpadden, Kay, 1956-
El libro de los valores para niños / por Kay McSpadden.
  p. cm.
ISBN 978-1-58087-154-9
1. Virtues--Juvenile literature. I. Title.
BJ1521.M37 2010b
179'.9--dc22
                                                      2010017759

Impreso en China – 2010
www.stampley.com

CONTENIDO

PREFACIO 6

Helen descubre el lenguaje *(Fe)* 40
Frederick aprende a leer *(Esperanza)* 44

CUENTOS Y FÁBULAS
Duraznito *(Compartir)* 8
El sueño asombroso *(Confianza)* 12
Niki Tikki Tumbo *(Perseverancia)* 14

LITERATURA
Ulises y el cíclope *(Previsión)* 46
Don Quijote y los gigantes *(Buen juicio)* 50
Huck rompe su carta *(Lealtad)* 54
El obispo y Jean Valjean *(Perdón)* 58

Topacio *(Liderazgo)* 20
El cuervo Arco Iris *(Sacrificio)* 24
El príncipe Cerezo *(Empatía)* 28

HISTORIA
Roldán y Oliveros *(Camaradería)* 34
El hermano Martín y
    el mendigo *(Compasión)* 38

GLOSARIO 62

PREFACIO

POR QUÉ NOS GUSTAN LAS HISTORIAS

Una buena historia siempre gusta. En todo el mundo, desde el principio de los tiempos hasta nuestros días, la gente se ha reunido, al atardecer o al final de una dura jornada, para compartir el relato de una historia.

Son diversas las razones por las que a las personas nos gustan las historias. Mientras que unas nos hacen reír, otras despiertan nuestro sentido del peligro o del misterio, o nuestra fascinación por los lugares lejanos. Pero las mejores historias, aquellas que leemos una y otra vez, son las que, sondeando en nuestro interior, nos llevan a ver cómo las decisiones que tomamos y los valores con que nos conducimos determinan el curso de nuestras vidas.

Por "valores" me refiero aquí a las creencias e ideales que rigen nuestro comportamiento. En este libro se abordan catorce valores, como la perseverancia, la esperanza, la compasión o la lealtad.

Las historias que aquí se incluyen son una excelente manera de aprender cuáles son los valores necesarios para una vida plena y feliz. Algunas de las narraciones nos presentan personajes cuyos sólidos valores los sostienen aun en momentos difíciles y les sirven además para tomar decisiones, a pesar de que éstas sean duras. Estos personajes pueden convertirse en héroes o en modelos a seguir por todos nosotros. Otras historias, en cambio, nos presentan personajes cuya falta de valores los arrastra a caer en dificultades y a alejarse cada vez más de la felicidad y el éxito.

DE DÓNDE PROCEDEN LAS HISTORIAS

Algunas de las narraciones aquí incluidas datan de la antigüedad, mientras que otras son de nuestro tiempo. Unas son producto de la imaginación o la ficción; otras, por el contrario, son historias reales que narran hechos reales, vividos por personas de verdad.

Entre las historias más antiguas de que se tiene noticia está la del héroe griego Ulises. La historia de Ulises, de regreso a su hogar una vez terminada la guerra de Troya, nos describe las más fantásticas aventuras, una de las cuales recreamos aquí. En la clase de inglés que imparto a nivel de preparatoria, mis estudiantes comienzan el curso escolar con la lectura sobre Ulises y su viaje por mar. ¡Este relato entusiasma incluso a los alumnos que están a punto de graduarse de la preparatoria!

En este libro se incluyen también otras historias de la literatura clásica, como es el caso del desventurado Don Quijote, quien leyó tantos libros sobre caballeros andantes que ¡llegó a creer que podría convertirse en uno de ellos! También se narra la vida de Huck Finn —otro personaje que tanto a niños como a adultos les fascina por igual— y cómo decide Huck afrontar el difícil dilema de tener que elegir entre ayudar a su amigo Jim o salvarse a sí mismo. Otro personaje que se ve obligado a afrontar una situación complicada es Jean Valjean, protagonista de la novela *Los miserables*. Jean hace a un lado cualquier tipo de valores cuando decide cometer un robo, pero esta falta dará lugar a un desenlace ¡ciertamente sorprendente!

Otro tipo de historias incluidas en este libro son los cuentos y fábulas, narraciones creadas con el fin de instruir a los niños en la importancia de tener valores sólidos en la vida. La historia de "Duraznito," por ejemplo, trata de la grandeza de ser un amigo generoso y un buen hijo. Por otra parte, "El sueño asombroso" cuenta la historia de un hombre que, en un país lejano, se atreve a perseguir un sueño —y también qué le sucede como consecuencia de ello.

Por último, en este libro se incluyen también historias verdaderas de personas cuyas vidas extraordinarias nos dejan una valiosa lección. Aunque podría parecer triste tratar de aprender de la vida de una niñita invidente y sorda, la historia de Helen Keller y de cómo su maestra Annie Sullivan le enseñó a hablar conmueve e inspira a todo el que la lea. Otro personaje histórico que nos muestra la grandeza de los valores humanos es el hermano Martín, un religioso peruano que una noche socorre a un mendigo.

Nunca cesamos de aprender de las historias

Las historias de *El libro de los valores para niños* han sido seleccionadas y escritas pensando en ellos, en los jóvenes. Pero nadie es nunca demasiado viejo para disfrutar de una buena lectura, sobre todo si ésta nos deja lecciones positivas para la vida. Incluso mis alumnos de preparatoria disfrutan leyendo estas historias sobre valores. Sus favoritas son aquellas cuyos personajes son como ellos mismos, seres que afrontan situaciones difíciles —mostrar compasión por los pobres y los marginados, perseverar en la consecución de un sueño, sobreponerse y aprender de los propios errores.

En este libro usted podrá leer historias, unas reales y otras ficticias, acerca de muy diversos valores humanos. Su lectura, como la de todo buen relato, entretiene y deleita. Pero lo mejor de ellas consiste en que los valores que nos presentan son los que nos sirven para lograr una vida plena y exitosa —valores que nos compensarán con creces si los adoptamos como propios.

Kay McSpadden

VALOR PARA VIVIR: COMPARTIR

Duraznito

Había una vez en Japón un leñador y su esposa que eran muy desdichados porque no tenían hijos. Un día en que la mujer lavaba ropa en el río, vio flotando un durazno de gran tamaño.

"Me lo llevaré a casa para mi marido", pensó, pero en ese momento el durazno se partió en dos y un bebé muy pequeño salió de dentro gateando.

El leñador y su esposa se llenaron de felicidad, porque por fin tenían un hijo, a quien llamaron Duraznito.

Duraznito creció hasta ser un niño grande y fuerte. Sus padres lo amaban tanto que a menudo se quedaban sin comer sólo para que su hijo tuviera más con qué alimentarse.

Conforme crecía, Duraznito se dio cuenta de que sus padres llevaban una vida muy dura, llena de privaciones. Un día pidió a sus padres que le prepararan unos ravioles.

"Voy al castillo de los ogros que han asolado a la región y voy a recuperar el botín robado", dijo Duraznito a sus padres, y aunque ellos tenían mucho

miedo de que fuera a ocurrirle algo, hicieron lo que les había pedido y le dieron unos ravioles para el camino. Apenas echó a andar, cuando Duraznito vio un mono que se columpiaba en un árbol.

"Duraznito", le dijo el mono, "si me das uno de tus ravioles, seré tu compañero de viaje".

Duraznito se alegró mucho de tener compañía y dio al mono uno de sus ravioles. Al poco rato, los dos vieron un pavo real posado en un árbol.

"Duraznito", dijo el pavo real, "si me das uno de tus ravioles, seré tu compañero de viaje".

Duraznito dio al pavo real uno de sus ravioles, y los tres se adentraron en el bosque.

Al poco rato, vieron un perro que también pidió a Duraznito uno de sus ravioles.

"Voy al castillo de los ogros a conquistar el botín que han robado", dijo Duraznito al mono, al pavo real y al perro. "¿Están seguros de que todavía quieren ser mis compañeros de viaje?"

Pero los tres animales amigos estaban muy contentos de acompañar a Duraznito.

Cuando llegaron al castillo de los ogros, el mono trepó por el muro y abrió las puertas para que Duraznito pasara. Entonces, el pavo real voló hasta la torre más alta del castillo y miró dentro.

"Sólo vi a tres ogros", dijo el pavo real, y el perro comenzó a ladrar.

Los ogros salieron corriendo de la torre y vieron a Duraznito y sus compañeros de viaje fieramente apostados para el combate.

"¡Tomen lo que quieran y no nos hagan daño!", gritaron los ogros, y Duraznito llenó su mochila de oro y joyas. Cuando en la noche llegó a su casa, Duraznito entregó el tesoro a sus padres y todos vivieron felices por el resto de sus días.

VALOR PARA VIVIR: CONFIANZA

El sueño asombroso

Había una vez en Bagdad un vendedor de libros que vivía en una casita con un pequeño jardín lleno de flores.

Una noche, después de arrastrar todo el día su pesado carro de libros, el vendedor soñó que caminaba por las soleadas calles de El Cairo, en Egipto, y encontraba a un policía que le daba un montón de monedas de oro.

El sueño le pareció tan real al librero que, al despertar, decidió viajar a El Cairo en busca del generoso policía.

Al llegar a El Cairo, el hombre caminó tres días por sus calles, y aunque bajo el sol abrasador sentía que las horas se hacían interminables, no se dio por vencido. Al atardecer del tercer día, vio a un policía que le pareció conocido, corrió hasta él y le contó el asombroso sueño que había tenido.

"Has perdido tu tiempo", le dijo burlón el policía. "Los sueños no son reales. Justo anoche soñé que estaba en Bagdad y de un pequeño jardín con flores desenterraba un montón de monedas de oro; pero no fui tan necio como para creer que era cierto."

El librero dio las gracias al policía y, con una sonrisa, regresó a Bagdad. Al llegar a su casa, desenterró un montón de monedas de oro de su propio jardín.

Al atardecer del tercer día, vio a un policía que le pareció conocido, corrió hasta él y le contó el asombroso sueño que había tenido.

VALOR PARA VIVIR: PERSEVERANCIA

Niki Tiki Tumbo

Hace mucho tiempo, en un lejano país, los primogénitos varones tenían mucha importancia y se les ponía nombres muy largos. Los hermanos que nacían después recibían en cambio nombres muy cortos.

Una familia tuvo dos hijos, Niki Tiki Tumbo Na Sar Rumbo Ali Bali Baski Boli Buoli Bi Chi y su hermanito Yu. A menudo, su mamá les advertía: "¡No jueguen cerca del pozo!" Pero, al igual que los demás niños en todas partes, a veces no hacían caso.

Un día, los dos hermanos jugaban cerca del pozo ¡y Yu se cayó dentro!

Niki Tiki Tumbo Na Sar Rumbo Ali Bali Baski Boli Buoli Bi Chi corrió lo más rápido que pudo a su casa.

"¡Mamá!" gritó. "¡Yu se cayó al pozo!"

Su mamá, que estaba revolviendo fideos en la olla, dejó caer la cuchara y gritó: "¡Rápido! ¡Ve y dile al viejo jardinero que lleve su escalera al pozo!"

Niki Tiki Tumbo Na Sar Rumbo Ali Bali Baski Boli Buoli Bi Chi corrió lo más rápido que pudo a casa del viejo jardinero.

"¡Jardinero!", gritó. "¡Te ruego traigas tu escalera y ayudes a mi hermano Yu, que se ha caído al pozo!"

El jardinero era en verdad muy viejo y caminó despacio hasta el cobertizo donde guardaba su escalera. Luego, siguió a Niki Tiki Tumbo Na Sar Rumbo Ali Bali Baski Boli Buoli Bi Chi hasta el pozo. Colocó la escalera y descendió por ella. Allí encontró a Yu, helado de frío y cansado de nadar.

"¡Que esto les sirva a ambos de lección!" dijo en la noche la mamá a los niños, y los mandó a la cama sin cenar fideos.

Pero los dos hermanos no tardaron en volver a jugar junto al pozo, hasta que, un día, Niki Tiki

15

Tumbo Na Sar Rumbo Ali Bali Baski Boli Buoli Bi Chi ¡se cayó dentro!

El pobre de Yu echó a correr a casa, lo más rápido que sus pequeñas piernas le permitían.

"¡Mamá!" gritó. "¡Niki Tiki Tumbo Na Sar Rumbo Ali Bali Baski Boli Buoli Bi Chi se cayó al pozo!"

La mamá de Yu estaba dando de comer a las gallinas y, con el cacareo, no pudo oír a Yu.

"¡Habla más alto!" le gritó, y Yu volvió a decirle:

"¡Niki Tiki Tumbo Na Sar Rumbo Ali Bali Baski Boli Buoli Bi Chi se cayó al pozo!"

Esta vez la mamá de Yu le oyó bien.

"¡Ve y dile al viejo jardinero que vaya con su escalera al pozo!"

Entonces Yu corrió lo más rápido que sus pequeñas piernas le permitían hasta la casa del viejo jardinero.

"¡Jardinero!", le gritó Yu. "¡Por favor, trae tu escalera! ¡Niki Tiki Tumbo Na Sar Rumbo Ali Bali Baski Boli Buoli Bi Chi se cayó al pozo!"

El viejo jardinero despertaba apenas de su siesta y dijo: "¿Quién me está llamando?"

Yu le dijo otra vez:

"¡Por favor, trae tu escalera! ¡Niki Tiki Tumbo Na Sar Rumbo Ali Bali Baski Boli Buoli Bi Chi se cayó al pozo!"

16

El viejo jardinero ahuecó su mano detrás de la oreja y dijo: "¡Habla más alto! ¡Mis oídos están ya viejos!"

El pobre de Yu, casi sin resuello por correr y tener que pronunciar tantas veces un nombre tan largo, sabía que, si se esforzaba de nuevo, podría salvar a su hermano. Así que aspiró hondo y gritó lo más fuerte que pudo:

"¡Niki Tiki Tumbo… Na Sar Rumbo… Ali Bali Baski… Boli Buoli Bi Chi se cayó al pozo!"

El jardinero entendió por fin. Tomó su escalera y siguió a Yu hasta el pozo. Niki Tiki Tumbo Na Sar Rumbo Ali Bali Baski Boli Buoli Bi Chi estuvo tanto tiempo en el pozo que se había hundido bajo el agua. El jardinero tuvo que bucear para encontrarlo, pero al fin pudo sacarlo del pozo.

Entonces le oprimió el pecho para sacarle el agua, y Niki Tiki Tumbo Na Sar Rumbo Ali Bali Baski Boli Buoli Bi Chi escupió y comenzó a respirar. Estuvo en cama enfermo muchos días, pero ¡Yu había conseguido ayuda a tiempo para salvarlo!

El jardinero tuvo que bucear para encontrarlo, pero al fin pudo sacarlo del pozo.

Entonces le oprimió el pecho para sacarle el agua, y Niki Tiki Tumbo Na Sar Rumbo Ali Bali Baski Boli Buoli Bi Chi escupió y comenzó a respirar.

VALOR PARA VIVIR: LIDERAZGO

Topacio

En los bosques de la India vivía un hermoso ciervo de deslumbrante pelo dorado y astas de plata. Se llamaba Topacio y era el rey de una enorme manada. Había allí también otra manada de ciervos, cuyo rey se llamaba Rubí. Rubí y Topacio asumían sus responsabilidades de reyes muy seriamente.

El bosque era un lugar de ensueño, con grandes y frondosos árboles y riachuelos. De no ser por el rajá cazador, los ciervos habrían sido allí muy felices.

El rajá era un hombre muy rico, aficionado a la caza, y cada día se adentraba en el bosque con sus criados para disparar sus flechas a los ciervos. Los únicos ejemplares a los que el rajá nunca perseguía eran los reyes Topacio y Rubí.

"No persigan a esos ciervos", advirtió a sus criados. "Con su pelo dorado y sus astas de plata son demasiado hermosos para darles caza." Por eso, los criados nunca apuntaban a Topacio ni a Rubí, pero daban muerte y herían a muchos otros ciervos.

Entonces, Topacio le dijo a Rubí: "Los cazadores están diezmando nuestras manadas. ¿Qué te parece si nos turnamos para enviarles a uno de nosotros cada día? Así, evitaremos que los hombres del rajá entren al bosque y morirán menos de los nuestros."

Rubí estuvo de acuerdo, y a partir de entonces un ciervo salía cada mañana y llegaba hasta los cazadores, antes de que éstos persiguieran a más.

Un día, una mamá cierva se presentó ante Rubí y le dijo: "Es mi turno entregarme a los cazadores, pero tengo un cervatillo que cuidar. Deja que me quede hasta que él crezca y entonces será el momento de entregarme."

Rubí le respondió: "Si es tu turno, debes ir y sacrificarte."

La mamá cierva entonces acudió ante Topacio y le preguntó qué hacer.

"Ve y cuida a tu cervatillo", le dijo Topacio a la cierva.

Al día siguiente, cuando los cazadores llegaron al bosque, Topacio se acercó a ellos y se ofreció como presa. El rajá no salía de su asombro.

"¿Por qué quieres morir?", le preguntó. "¿Acaso no sabes que di órdenes a mis hombres de que respeten tu vida?"

Topacio explicó al rajá lo ocurrido con la mamá cierva.

"No encontré a ningún otro que pudiera venir en su lugar", dijo Topacio, "por eso vengo yo."

"Eres un verdadero jefe", le respondió el rajá. "En adelante, no perseguiré jamás ni a ti ni a ninguno de tu manada."

Al día siguiente, cuando los cazadores llegaron al bosque, Topacio se acercó a ellos y se ofreció como presa. El rajá no salía de su asombro.

"¿Por qué quieres morir?", le preguntó. "¿Acaso no sabes que di órdenes a mis hombres de que respeten tu vida?"

VALOR PARA VIVIR: SACRIFICIO

El cuervo Arco Iris

La primera vez que nevó en la Tierra, los animales se pusieron muy contentos; pero nevó y nevó sin parar, y entonces comenzaron a tener frío.

"Tenemos que hacerle llegar un mensaje al Creador Que Con El Pensamiento Crea Todo Cuanto Existe", dijo el búho sabio. "Debemos pedirle que vuelva a pensar un mundo con calor."

Los animales comenzaron a debatir sobre quién viajaría hasta donde estaba el Creador. El búho sabio no iría, pues su vista, con la luz del día, era muy débil. El coyote tampoco; a menudo mentía y no se podía confiar en él. La tortuga quiso ir, pero era demasiado lenta. Por fin, el magnífico cuervo Arco Iris, un ave de hermoso trinar y plumaje rojo, verde y azul, ofreció partir.

El cuervo Arco Iris voló durante tres días y tres noches, más allá de la Luna, el Sol y las estrellas. Cuando llegó a su destino, emitió su dulce canto para llamar la atención del Creador. "Acércate, cuervo Arco Iris", le dijo el Creador.

El cuervo Arco Iris le pidió al Creador que hiciera desaparecer la nieve.

"No puedo despensar la nieve que ya existe", le dijo el Creador, "pero te daré algo para que los animales puedan calentarse".

Entonces, el Creador tomó una gran vara, la hincó en el Sol para que se encendiera en llamas, y la entregó al cuervo Arco Iris.

Arco Iris voló lo más rápido que pudo de regreso a la Tierra. Al pasar por las estrellas y el Sol, el hollín de la vara encendida tiñó de negro el plumaje del cuervo y, al pasar frente a la Luna, el humo de la vara le entró en la garganta, transformando su hermoso trino en un graznido ronco.

Los animales quedaron muy complacidos con el fuego que el cuervo Arco Iris les había llevado. Con su calor, estaban a salvo otra vez. Arco Iris, en cambio, sentía una gran pena por lo que le había sucedido.

Un día el Creador se le acercó caminando.

"No te aflijas", le dijo el Creador. "Tu sacrificio hizo que la vida de muchos sea ahora mejor. En cuanto a ti, cuando los seres humanos pueblen la Tierra, no querrán darte caza, porque tu carne sabe a humo. Tampoco te encerrarán en una jaula para deleitarse con tu canto. Siempre serás un ave libre."

Después, el Creador le dijo: "Cuando mires tus plumas a la luz del Sol encontrarás el arco iris reflejado en ellas y recordarás tu sacrificio." Y el corazón del cuervo Arco Iris se llenó de alegría.

VALOR PARA VIVIR: EMPATÍA

El príncipe Cerezo

Había una vez un rey tan bondadoso y sabio que un hada llamada Cándida le ofreció concederle un deseo.

"Haz de mi hijo, el príncipe Cerezo, un hombre bueno", dijo el rey; pero el hada Cándida sacudió la cabeza.

"Cerezo debe llegar con su propio esfuerzo a ser un hombre bueno", le dijo Cándida al rey. "Sin embargo, siempre seré su amiga y le daré mi consejo."

El rey quedó satisfecho. Años después, en su lecho de muerte, el buen rey recordó la promesa de Cándida y murió en paz.

Al principio, Cerezo era bueno y amable como su padre. Pero, poco a poco, se acostumbró al trato especial que recibía por ser un príncipe y se volvió irritable e impaciente con sus criados y amigos. Un día en que pateó a su perrito, Cerezo se sorprendió al oír una voz que le decía:

"Soy el hada Cándida. Recuerda que debes aprender a ser un hombre bueno."

La advertencia de Cándida motivó al príncipe a portarse mejor durante un tiempo. Pero pronto volvió a las andadas y trataba a todos con desprecio.

Un día en que recorría el reino a caballo, Cerezo vio a una hermosa joven llamada Celia. Era encantadora y de modales tan dulces que el príncipe cayó rendido ante ella y la pidió en matrimonio.

"Lo siento, príncipe Cerezo", dijo Celia. "Sólo me casaré con alguien realmente bueno y amable."

Cerezo, furioso, ordenó a sus criados que encerraran a Celia en la mazmorra del palacio y, en aquel momento, volvió a oír en voz baja: "Te has vuelto más horrible que la peor bestia que exista en la Tierra", le dijo la voz.

Y de pronto, Cerezo se convirtió en un monstruo con cabeza de toro, melena de león, garras de lobo y cola de serpiente. El príncipe, horrorizado de su aspecto, corrió a esconderse en el bosque.

Muy pronto, Cerezo fue capturado por unos cazadores y expuesto a la vista de todos en el zoológico. El príncipe, humillado y avergonzado, nada podía hacer.

Pero un león se escapó un día de su jaula y atacó al cuidador del zoológico. Y aunque el cuidador nunca fue amable con el príncipe Cerezo, éste obligó al león a regresar a la jaula.

Entonces, una voz le susurró a Cerezo: "Ninguna buena acción pasa inadvertida" y, oído esto, Cerezo se convirtió en un lindo perrito. El cuidador del zoológico lo tomó en sus manos y lo llevó a su casa para que fuera la mascota de sus hijos.

Cerezo sentía vergüenza de ser ahora un perro, pero decidió hacer felices a aquellos niños comportándose como la mejor mascota posible.

Un día, cuando comía el único trozo de pan que recibía a diario, vio a una anciana hambrienta que pedía limosna. Con gran cuidado, Cerezo tomó entre sus dientes el pan y lo depositó a los pies de la anciana.

Una voz le susurró a Cerezo: "Ninguna buena acción pasa inadvertida", y el príncipe se convirtió esta ves en una paloma blanca. Entonces voló y voló por todo el territorio, en busca de Celia.

"Quisiera decirle que siento mucho lo mal que me porté con ella", pensó; pero pasaron varios años hasta que por fin la encontró sentada junto a una ventana. Cerezo se posó sobre el hombro de Celia y la joven dijo: "¡Oh, qué bonita paloma! Llegaste para alegrarme. Si te quedas conmigo, siempre te amaré."

Cerezo se convirtió en un monstruo con cabeza de toro, melena de león, garras de lobo y cola de serpiente.

De repente, Cerezo recuperó su figura humana. Con un destello de luz, el hada Cándida se apareció y el príncipe reconoció de inmediato su voz cuando ella le dijo: "Al final demostraste ser digno de ser amado. Con las lecciones que aprendiste y con el amor de Celia, ve y sé el rey bondadoso que tu padre siempre anheló que fueras."

Una voz le susurró a Cerezo: "Ninguna buena acción pasa inadvertida", y el príncipe se convirtió esta vez en una paloma blanca. Entonces voló y voló por todo el territorio, en busca de Celia.

"Quisiera decirle que siento mucho lo mal que me porté con ella", pensó; pero pasaron varios años hasta que por fin la encontró sentada junto a una ventana.

VALOR PARA VIVIR: CAMARADERÍA

Roldán y Oliveros

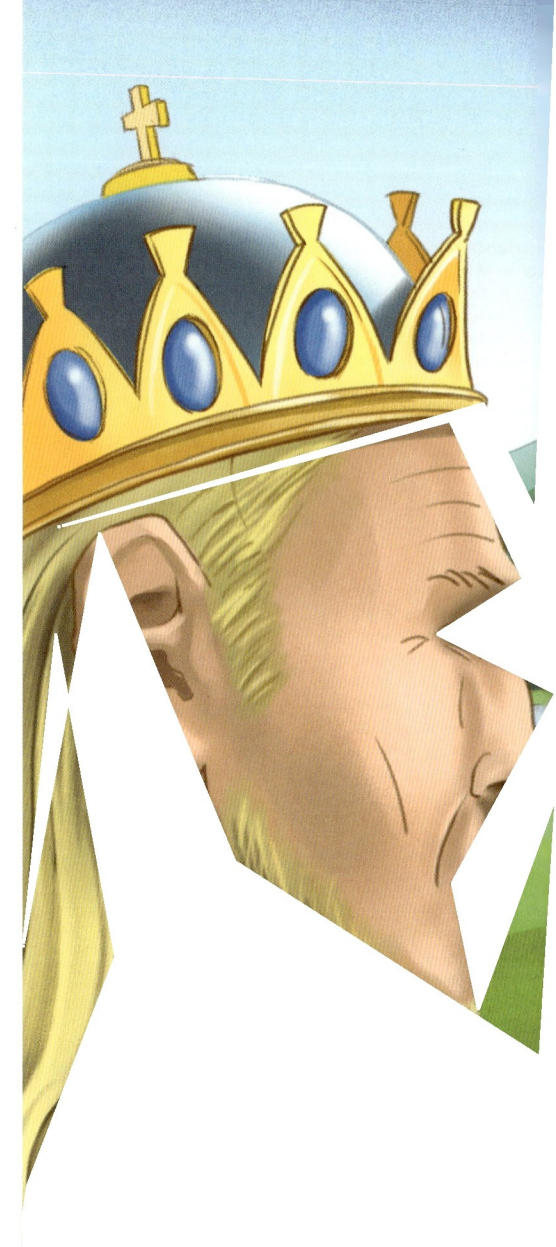

Con un fuerte estridor, la espada de Oliveros se partió en dos. ¡El joven no podía creerlo! Estaba indefenso frente a Roldán, el guerrero más fuerte de Francia.

Ambos jóvenes habían luchado durante horas. Roldán era sobrino del rey Carlomagno y Oliveros, nieto del conde Girart. Unos meses antes, Carlomagno y Girart tuvieron una terrible disputa. Sus palabras ofensivas se convirtieron después en acciones violentas, las cuales lastimaban a toda Francia.

El conde Girart optó por replegarse en su castillo asegurando las puertas. Tanto él como sus soldados tenían grandes provisiones de agua y alimentos y juraron no salir de su encierro hasta que el rey Carlomagno se disculpara.

Pero Carlomagno sitió el castillo de Girart y sus tropas dispararon flechas sobre las torres. Talaron los árboles de los alrededores y arrasaron los cultivos. Con las cosechas destruidas, los campesinos de la región estaban aterrorizados.

Los soldados de uno y otro bando instaron a sus caudillos a que dieran por terminada la disputa, pero ni Carlomagno ni Girart querían ceder.

Por fin, uno de sus consejeros les propuso un ingenioso plan. Dos guerreros, elegidos por cada bando, lucharían entre sí. Los demás soldados podrían ir a defender a su país y los campesinos volverían a cultivar la tierra sin temor y en paz.

En el día señalado, Roldán y Oliveros se encontraron en una isla en el río Ródano e iniciaron el combate. Entonces, la hoja de la espada de Oliveros se quebró. Éste estaba seguro de que Roldán le iba a dar muerte y Carlomagno proclamaría su victoria. Pero Roldán depuso su espada.

"No voy a luchar contra un hombre desarmado", dijo, y pidió traer otra espada para Oliveros.

Reanudaron la lucha y, esta vez, por un fuerte golpe de Oliveros, el escudo de Roldán se dobló.

"No voy a luchar contra un hombre sin escudo", dijo Oliveros, y ambos guerreros arrojaron a tierra sus espadas y escudos y comenzaron un combate cuerpo a cuerpo.

De repente, en su forcejeo, los guerreros se arrancaron el yelmo el uno al otro. Ambos cayeron a tierra, cada uno con el yelmo del adversario en sus manos.

Cuando Roldán vio a Oliveros, éste le devolvió la mirada. Luego, ambos se incorporaron lentamente y se dieron la mano.

El rey Carlomagno y el conde Girart no salían de su asombro.

"Si estos dos valientes soldados son capaces de respetarse entre sí, nosotros deberíamos hacer otro tanto", dijo Carlomagno, y el conde Girart asintió. Entonces, se disculparon uno al otro por su larga enemistad y decidieron en adelante trabajar juntos por el bien de Francia.

Cuando Roldán vio a Oliveros, éste le devolvió la mirada. Luego, ambos se incorporaron lentamente y se dieron la mano.

VALOR PARA VIVIR: COMPASIÓN

Martín y el mendigo

Martín de Porres sentía un gran cariño por los pobres. Como hijo de una antigua esclava en Lima, Perú, sufrió en carne propia la pobreza y el abandono. Sus experiencias de niño dejaron en él la impronta de la compasión por los desvalidos.

En su adolescencia, Martín entró en un convento como humilde criado. Podía vérsele barriendo y realizando otras tareas parecidas. Más tarde, llegó a ser fraile, y nunca dejó de atender a los necesitados, compartiendo con ellos lo poco que poseía.

En cierta ocasión, un mendigo cubierto de llagas se le acercó a pedir limosna. Martín se conmovió tanto por la desgracia de aquel hombre que le dio su propia cama. Al saberlo uno de sus compañeros en el convento, reprendió a Martín por actuar de manera exagerada. Además, ¡el mendigo estaba lleno de inmundicia!

Pero Martín le dijo al fraile: "La caridad es más importante que la limpieza. Finalmente, con un poco de jabón, puedo limpiar mi cama. Pero si no mostrara caridad por este pobre hombre, la mancha que dejaría en mi alma ni con un diluvio de lágrimas podría lavarla."

Durante toda su vida, Martín siguió mostrando su gran compasión por los pobres del Perú.

En cierta ocasión, un mendigo cubierto de llagas se le acercó a pedir limosna. Martín se conmovió tanto por la desgracia de aquel hombre que le dio su propia cama.

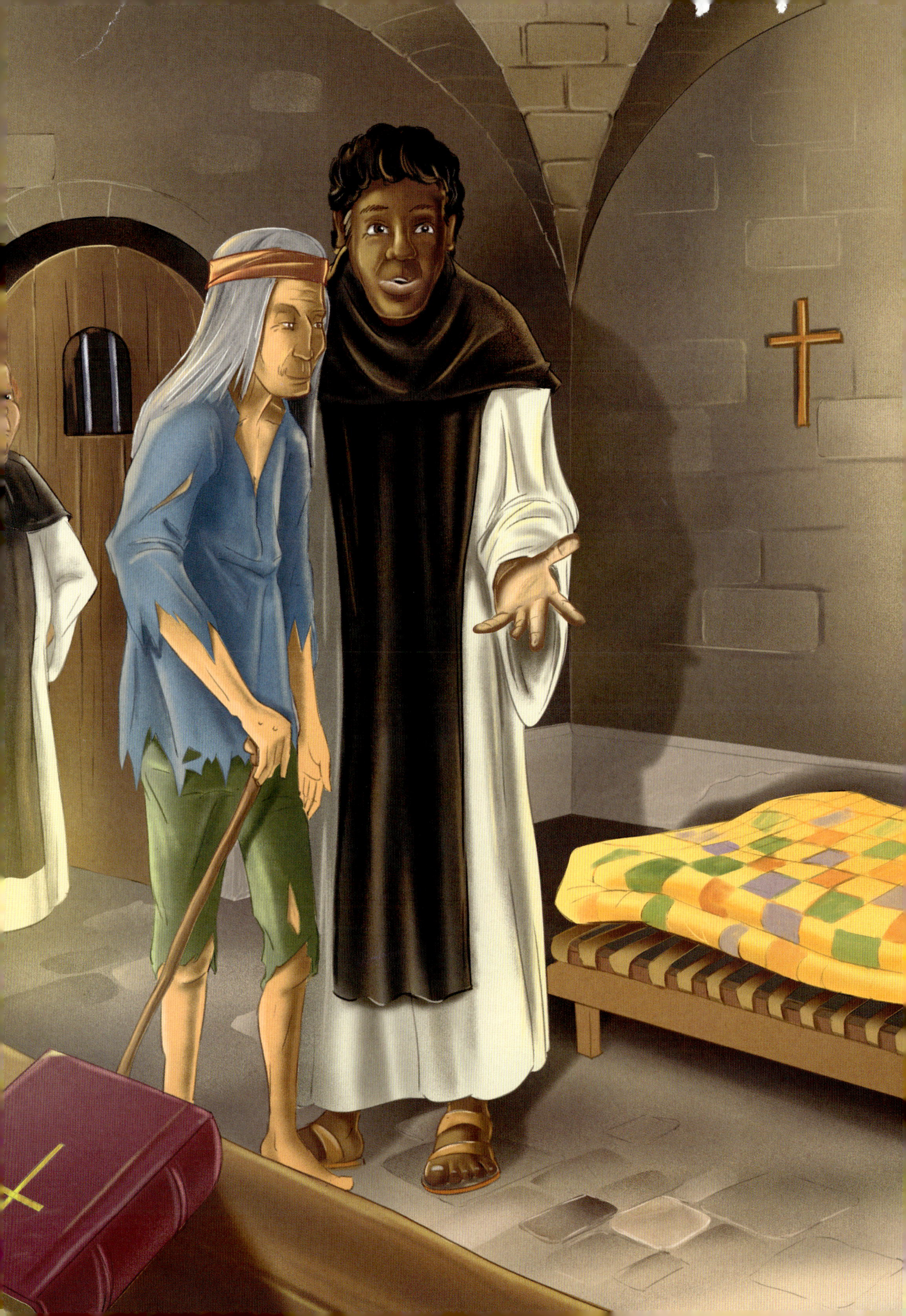

VALOR PARA VIVIR: FE

Helen descubre el lenguaje

Cierra por un momento tus ojos y con tus manos tápate los oídos. Ahora, imagina cómo sería tu vida si no pudieras ver ni oír. Así fue la vida de Helen Keller.

Cuando aún no cumplía dos años, Helen quedó ciega y sorda a causa de una enfermedad. Aunque a esa edad ya conocía algunas palabras, pronto las olvidó, pero, gesticulando, aprendió a expresar lo que quería. Por ejemplo, hacía como que acunaba un bebé cuando quería jugar con su muñeca.

Al no poder hablar, a Helen se le dificultaba mucho comunicarse, y comenzó a tener frecuentes berrinches. Sus padres, desesperados, buscaron la ayuda de muchos médicos. Por fin, encontraron a Annie Sullivan, una maestra muy joven que también había sufrido años atrás problemas con su vista.

La mamá de Helen de inmediato tuvo fe en que Annie podría ayudar a Helen. Había observado que Annie trazaba con sus dedos letras en la palma de la mano de Helen.

Annie trazaba la palabra M-U-Ñ-E-C-A y ponía en la mano de Helen una muñeca. Pero Helen no parecía comprender que los movimientos de Annie con su dedo y la muñeca significaban lo mismo.

Durante semanas, Annie trazó más y más palabras en la mano de Helen, pero ésta seguía encerrada en un mundo oscuro y silencioso. ¡Annie sólo anhelaba que Helen comprendiera las palabras! Estaba segura de que éstas le abrirían a la niña un mundo nuevo.

Un día en que Helen estaba de mal humor, derramó una jarra de agua sobre la mesa de cenar. Los padres de Helen no sabían como reaccionar

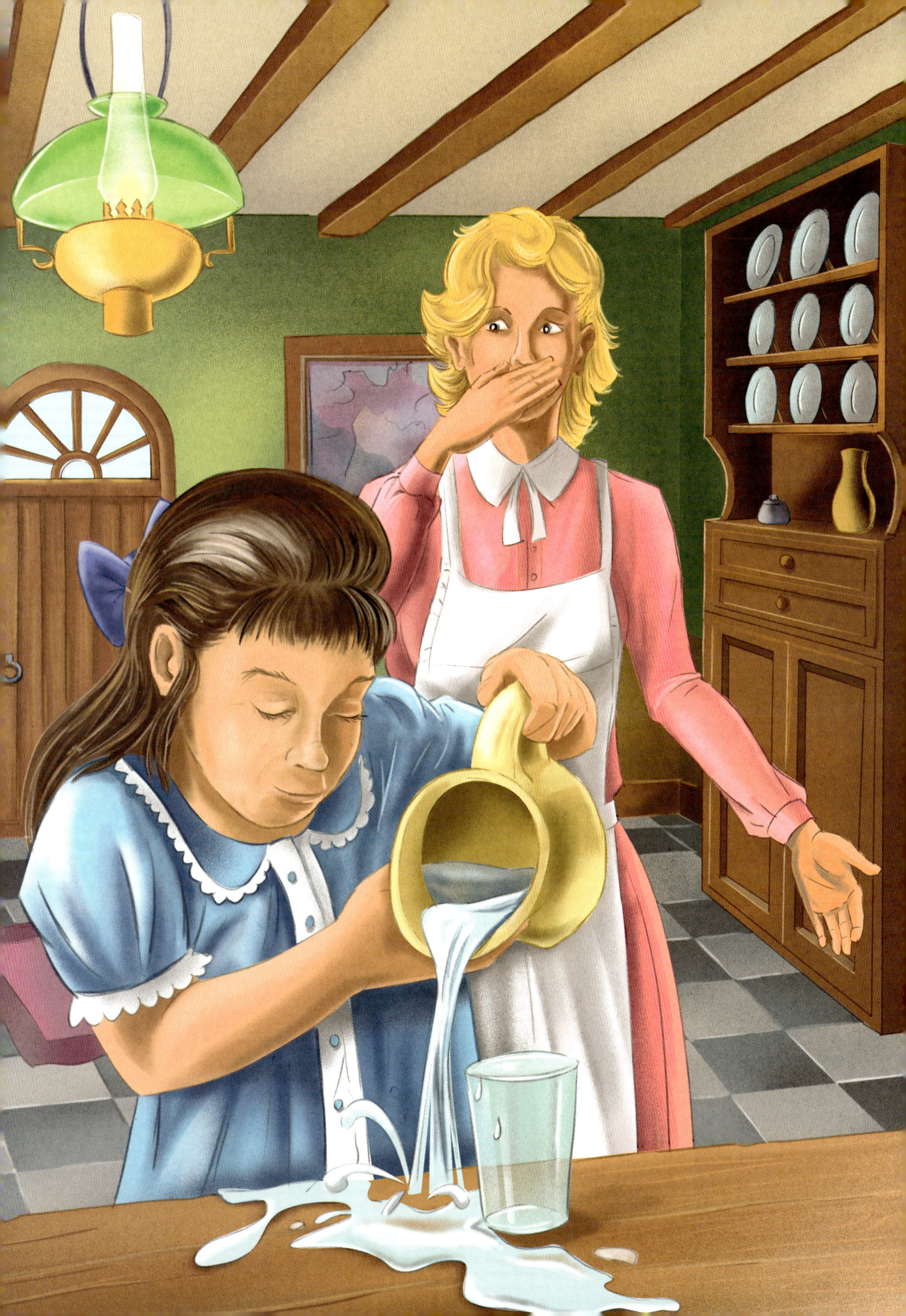

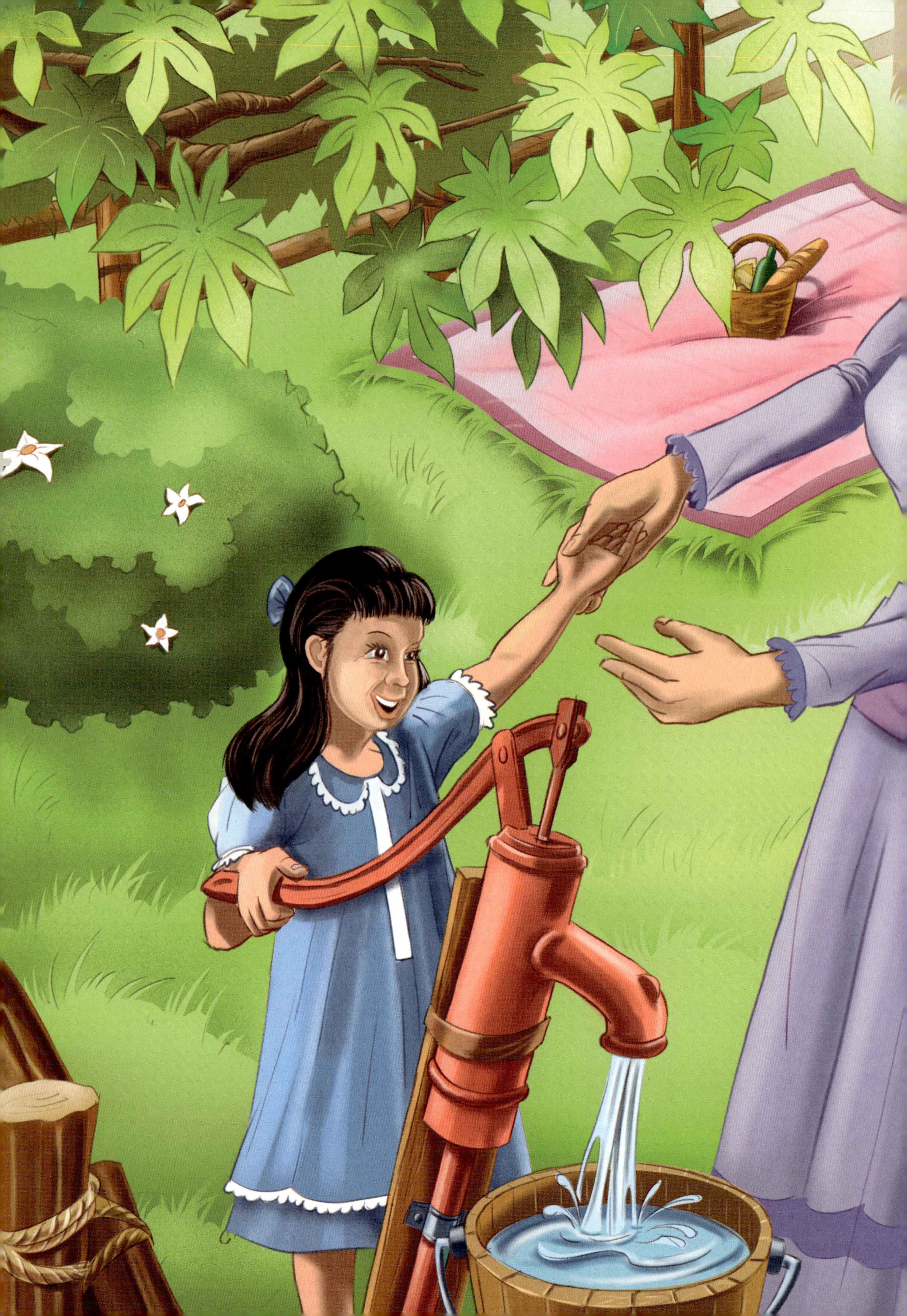

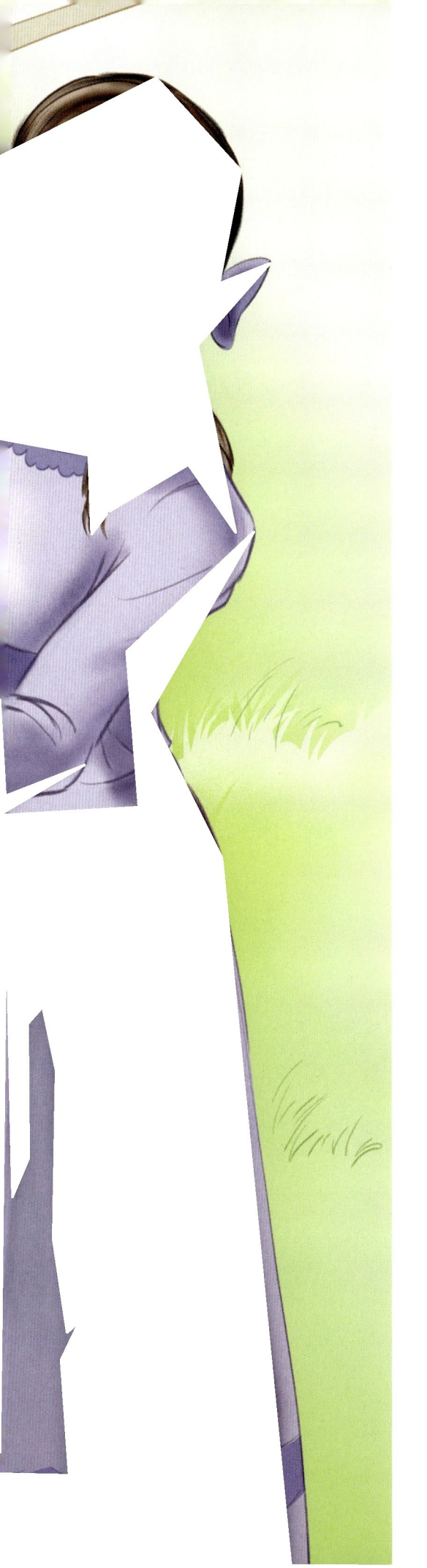

ante su mal comportamiento, pero Annie pidió a Helen que volviera a llenar la jarra en la bomba del jardín. Llevó a Helen hasta la bomba y deletreó B-O-M-B-A en su mano. Helen no hizo caso y trató de alejarse. Annie tomó a Helen de la mano y comenzó a bombear agua. Conforme ésta caía sobre las manos de la niña, Annie deletreó A-G-U-A. De súbito, Helen dejó de forcejear y una expresión nueva iluminó su rostro. Annie volvió a escribir A-G-U-A en la palma de Helen.

Lentamente, Helen deletreó a su vez la palabra en la palma de Annie y, luego, hizo algo que no había hecho durante cuatro años –¡trató de hablar!

Antes de caer enferma, una de las palabras que Helen había aprendido era "agua". Ahora recordaba la palabra y trataba de decirla, aunque para ello pronunciara "ua-ua", como lo haría un bebé.

Aquello no le importó a Annie. Lo que le importó fue que Helen por fin había descubierto el lenguaje. Ya no tendría que descifrar qué era lo que la niña necesitaba y quería. Con el lenguaje, Helen podía expresar sus más profundos pensamientos y deseos. Con el lenguaje, su mente era al fin libre.

Annie tomó a Helen de la mano y comenzó a bombear agua. Conforme ésta caía sobre las manos de la niña, Annie deletreó A-G-U-A. De súbito, Helen dejó de forcejear y una expresión nueva iluminó su rostro.

VALOR PARA VIVIR: ESPERANZA

Frederick aprende a leer

Frederick Douglass llegó a ser un connotado orador y escritor, pero ¡por poco y no aprende a leer!

Frederick nació esclavo en Maryland en 1817 y, a los ocho años, fue entregado a la familia Auld, de raza blanca y con un hijo de la edad de Frederick. La señora Auld enseñó a ambos niños el alfabeto.

Pero enseñar a leer a un esclavo estaba prohibido y la señora Auld tuvo que suspender sus lecciones a Frederick. Ahora, en lugar de estimularlo a la lectura, su ama le prohibía leer. Esto hizo que Frederick anhelara leer a toda costa, pues sabía que la lectura era la clave de una buena educación.

Aunque la familia Auld no permitió que Frederick aprendiera a leer, siguieron dándole manutención, y casi todas las tardes el niño reservaba porciones de pan en sus bolsillos y esperaba a la salida de la escuela a los chicos blancos de su vecindario. Éstos eran niños de familias pobres y pasaban hambre, así que Frederick llegó a un acuerdo con ellos. Les pagaría con pan las clases de lectura que los chicos le dieran.

La lectura hizo de Frederick un hombre fuerte. Leía artículos periodísticos escritos por abolicionistas que querían liberarse de su condición de esclavos, y esto le dio la esperanza de ser libre algún día.

...Frederick llegó a un acuerdo con ellos. Les pagaría con pan las clases de lectura que los chicos le dieran.

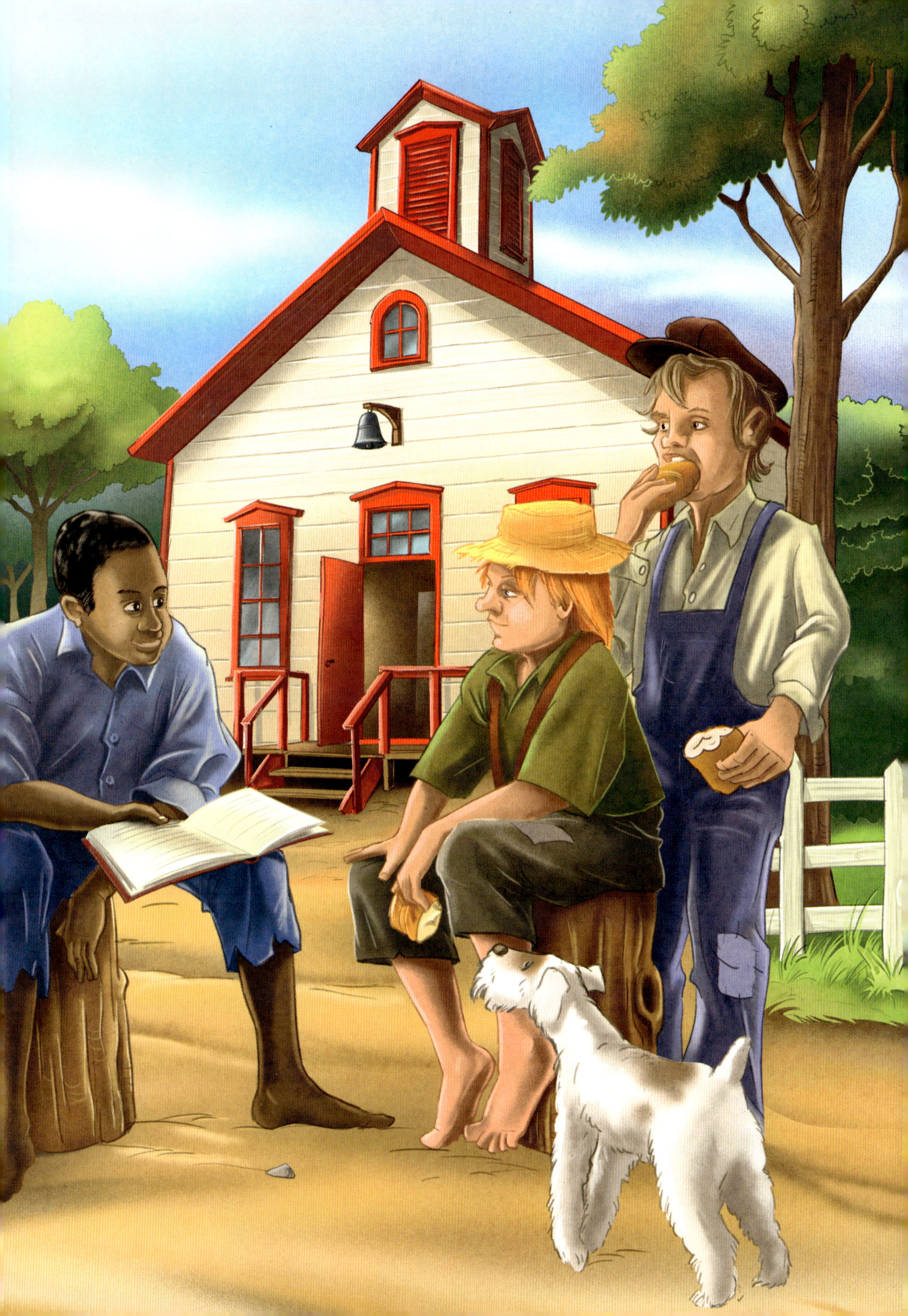

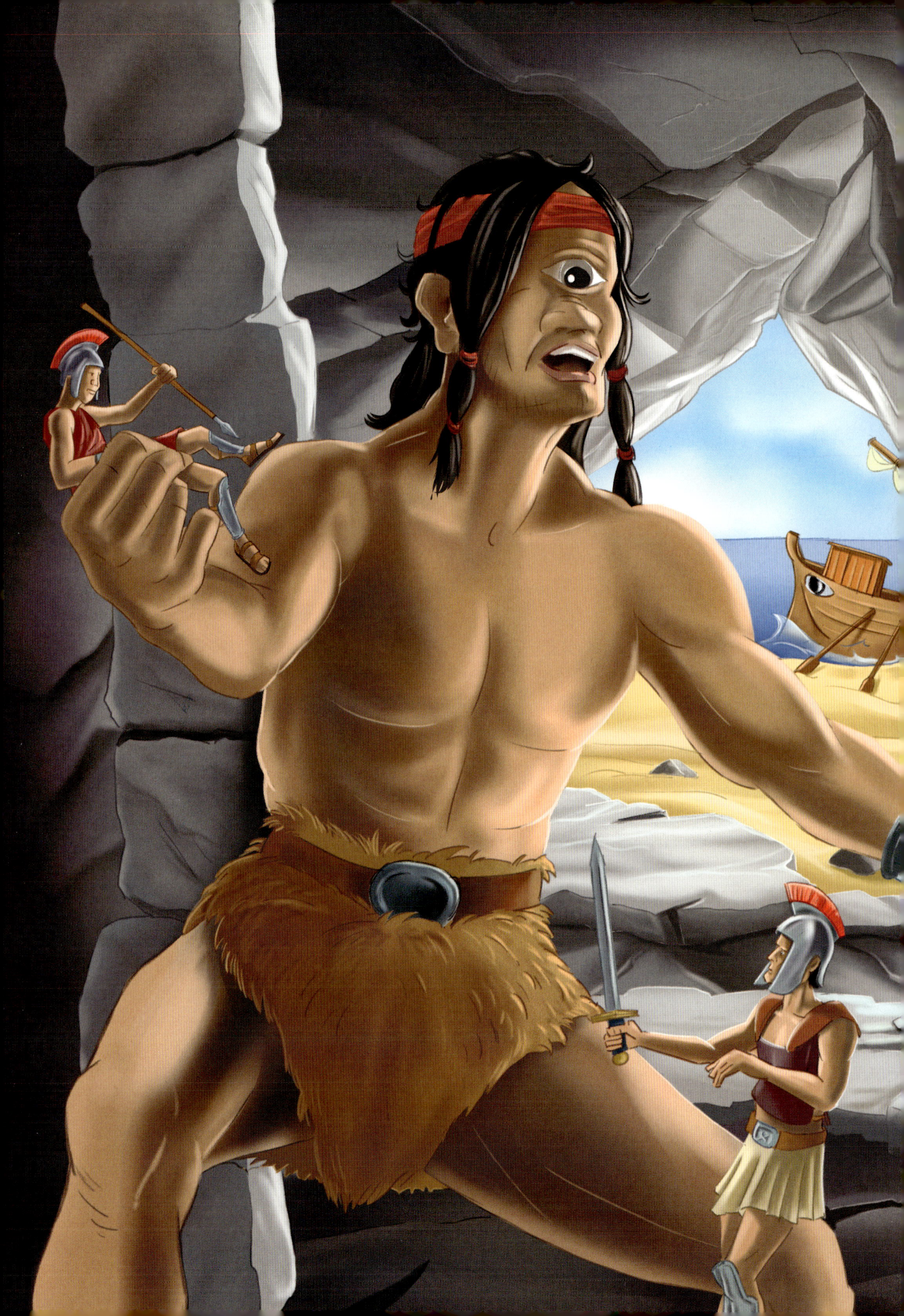

VALOR PARA VIVIR: PREVISIÓN

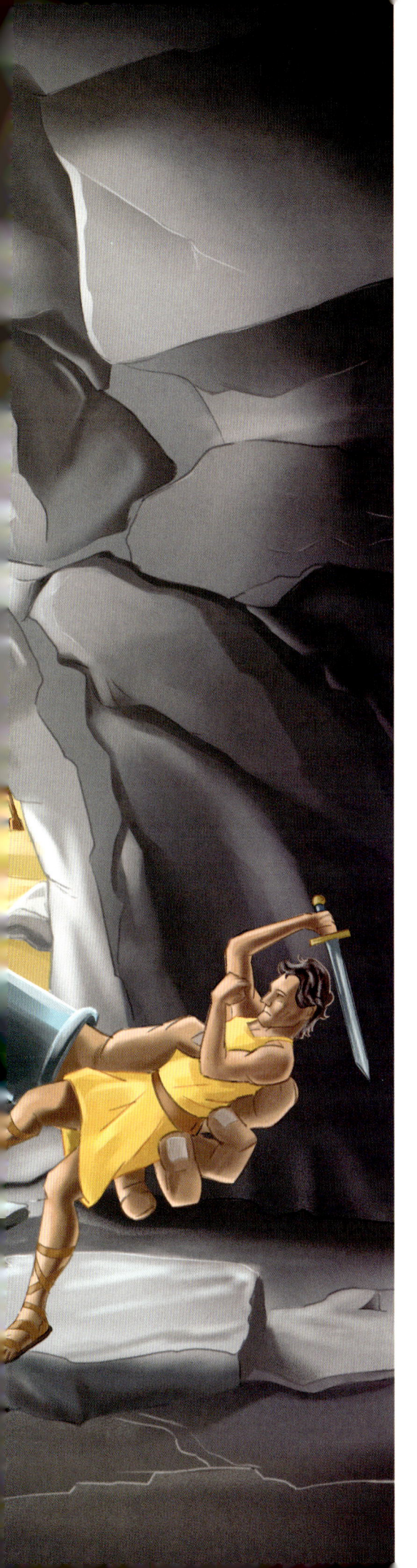

Ulises y el cíclope

De todos los héroes de la mitología griega, Ulises es sin duda el más inteligente. Él ideó la estratagema del caballo de Troya, gracias a la cual los griegos vencieron a los troyanos.

Pero, a pesar de su inteligencia, Ulises enfrentó muchas dificultades antes de volver a casa, terminada la guerra. A él y a sus marinos les ocurrieron numerosas peripecias, algunas muy peligrosas, como cuando encontraron al cíclope.

El cíclope era un gigante con un solo ojo en medio de la frente. Él y sus hermanos vivían en cuevas y pastoreaban ovejas.

Un día, Ulises y varios de sus hombres, cansados y hambrientos, desembarcaron en una playa cercana a la cueva del cíclope y llegaron hasta la entrada.

"¿Quién anda ahí?", preguntó el cíclope.

Cuando Ulises vio al terrible monstruo, se asustó y dijo: "Mi nombre es Nadie. Mis hombres y yo necesitamos comida y agua."

"¡Tengo mucho de todo!", dijo el cíclope, pero, apenas entraron a la caverna, tomó a dos de los hombres ¡y se los tragó enteros! Luego, hizo rodar una enorme piedra y tapó la entrada de la cueva para que Ulises y sus marinos no pudieran salir.

A la mañana siguiente, el cíclope se comió a otros dos hombres, antes de sacar al ganado a pastar en los campos. Cuando la última oveja salió de la cueva, volvió a colocar la piedra para cerrar la entrada.

Ulises pasó todo el día afilando la punta de una estaca y esperó a que el cíclope regresara. En la noche, oyó la piedra moverse de nuevo y a las ovejas entrar a la cueva. Después, entró el cíclope y cerró con la piedra.

47

Ulises entonces se abalanzó sobre el cíclope y le clavó la estaca en el ojo, cegándolo. El monstruo comenzó a dar gritos.

Enseguida, los hermanos de éste llegaron corriendo a la cueva.

"¿Por qué gritas tanto", preguntaron desde la entrada.

"¡Nadie me ha herido!", dijo el cíclope.

"Si nadie te ha herido, deja ya de molestarnos", respondieron sus hermanos, y se marcharon.

Al día siguiente, el cíclope cegado por Ulises abrió la cueva y tentaba las ovejas a fin de asegurarse de que Ulises y sus hombres no escaparan al salir el ganado. Pero Ulises instruyó a sus hombres para que cada uno se amarrara al vientre de una oveja y se ocultara entre su lana. Así, cuando las ovejas salieron de la cueva, ellos pudieron escapar. El plan de Ulises funcionó perfectamente. De nuevo gracias a su ingenio, él y sus hombres salvaron su vida, corriendo hasta alcanzar su bote en la playa.

...Ulises instruyó a sus hombres para que cada uno se amarrara al vientre de una oveja y se ocultara entre su lana. Así, cuando las ovejas salieron de la cueva, ellos pudieron escapar.

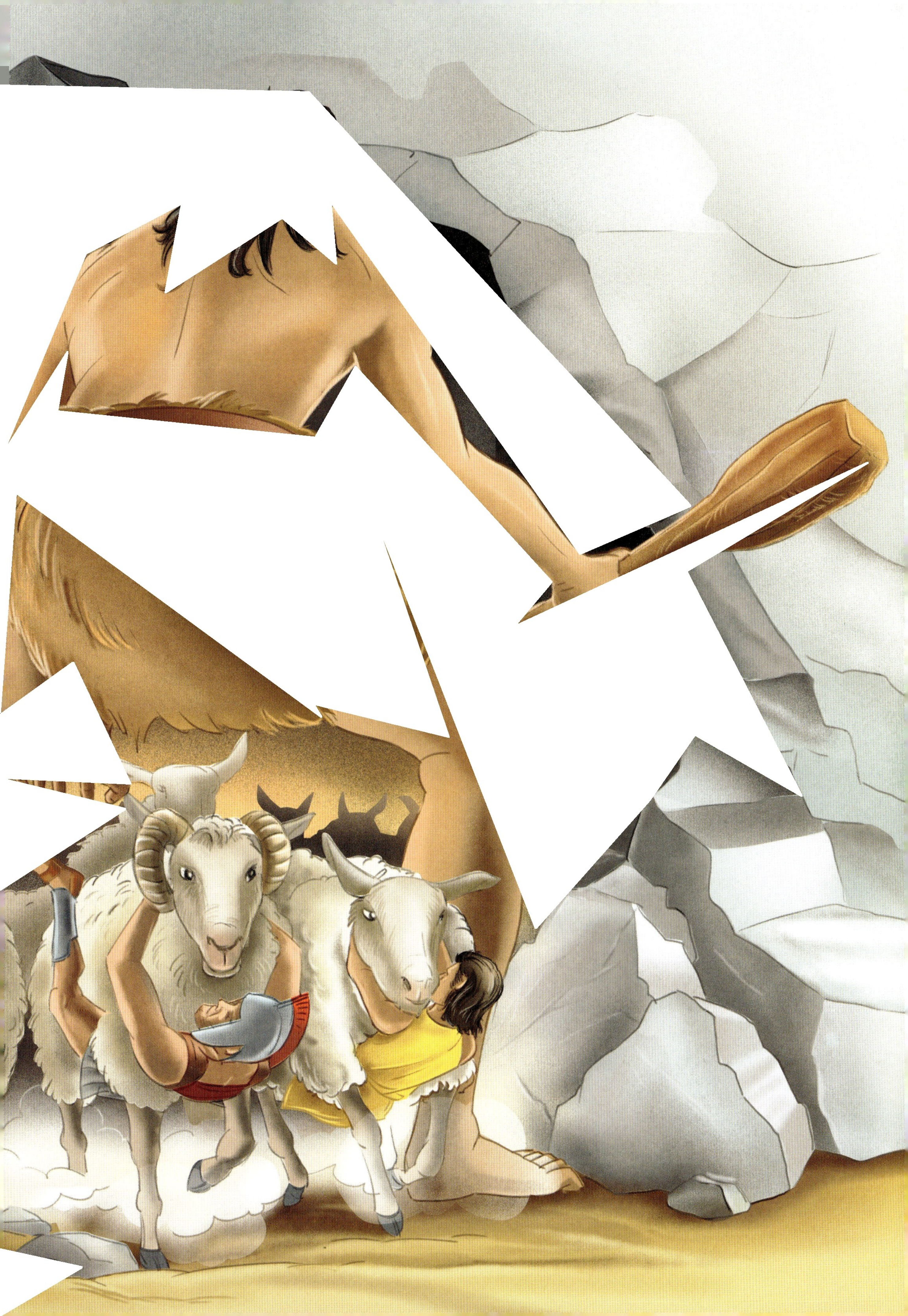

VALOR PARA VIVIR: BUEN JUICIO

Don Quijote y los gigantes

Había una vez en España un frágil anciano llamado Don Quijote al que le fascinaba leer libros de caballerías de la Edad Media. Tanto le gustaban esos libros y tantos leyó, que se olvidó de que era frágil y anciano y pensó ¡que él también podría ser un caballero andante!

Sus parientes le recordaron que la Edad Media había pasado y los caballeros ya no existían, pero Don Quijote no hizo caso. Limpió las armas de sus bisabuelos y a su pobre, flaco y endeble caballo le puso por nombre Rocinante, significando que "antes era rocín", pidió a un posadero que lo armara caballero y a un labrador llamado Sancho Panza lo nombró su escudero.

Ninguna de estas cosas hizo de Don Quijote un verdadero caballero andante, pero él no estaba en su sano juicio. Sólo anhelaba salir por los caminos y realizar las hazañas que él leía en los libros.

Un día temprano, Don Quijote y Sancho Panza dejaron su aldea para cabalgar en busca de aventu-

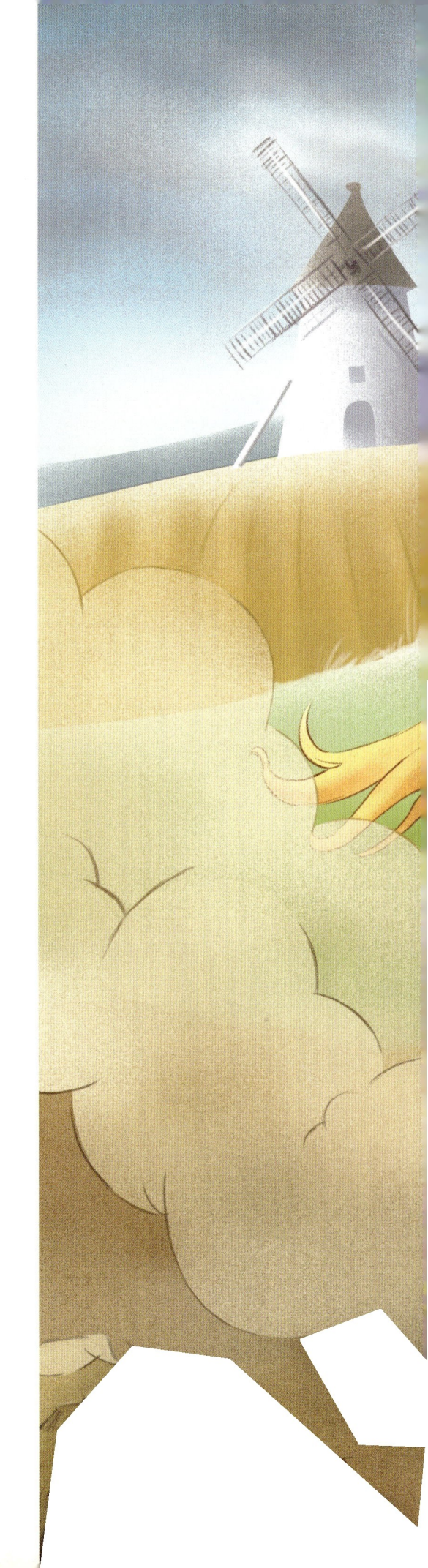

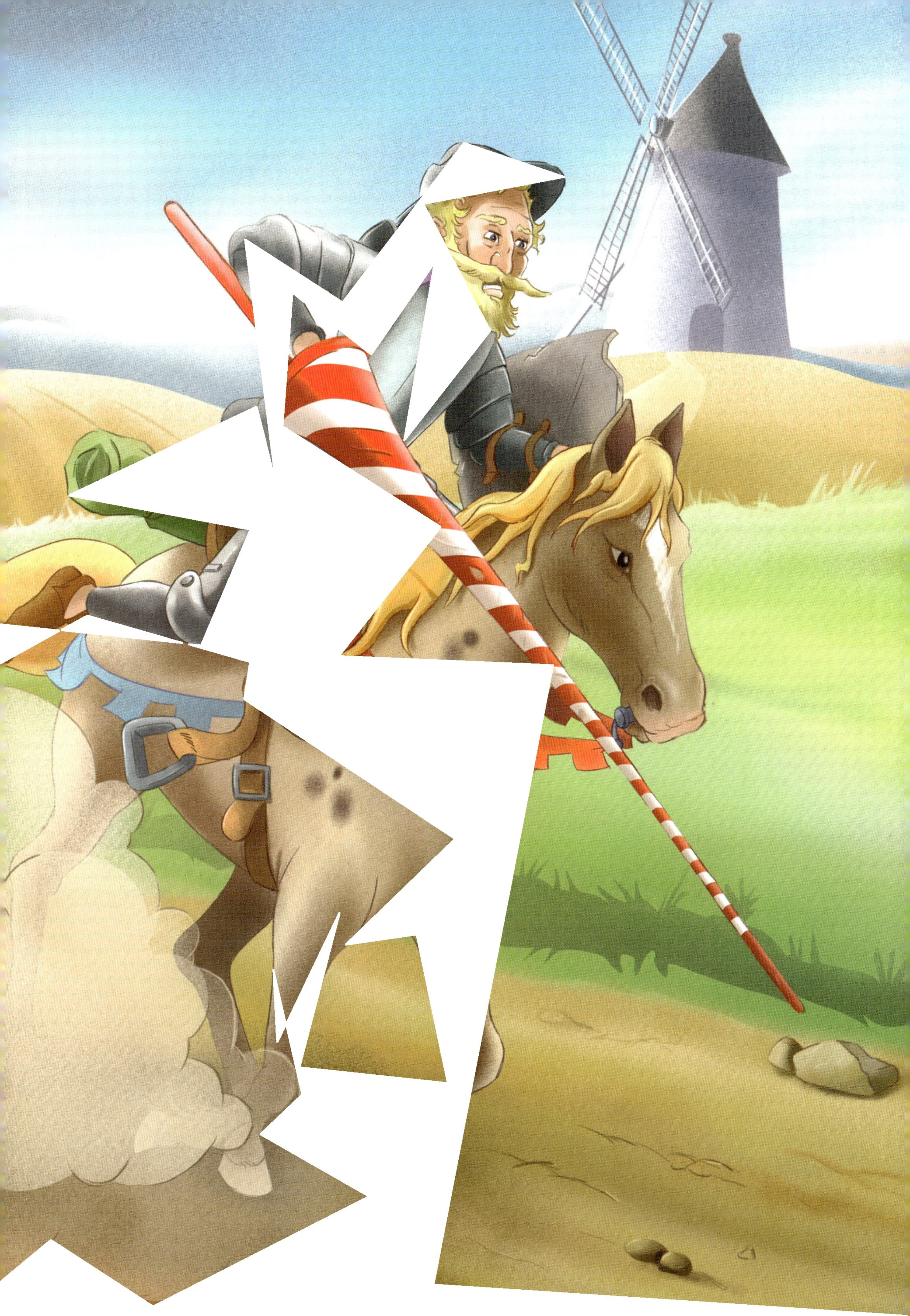

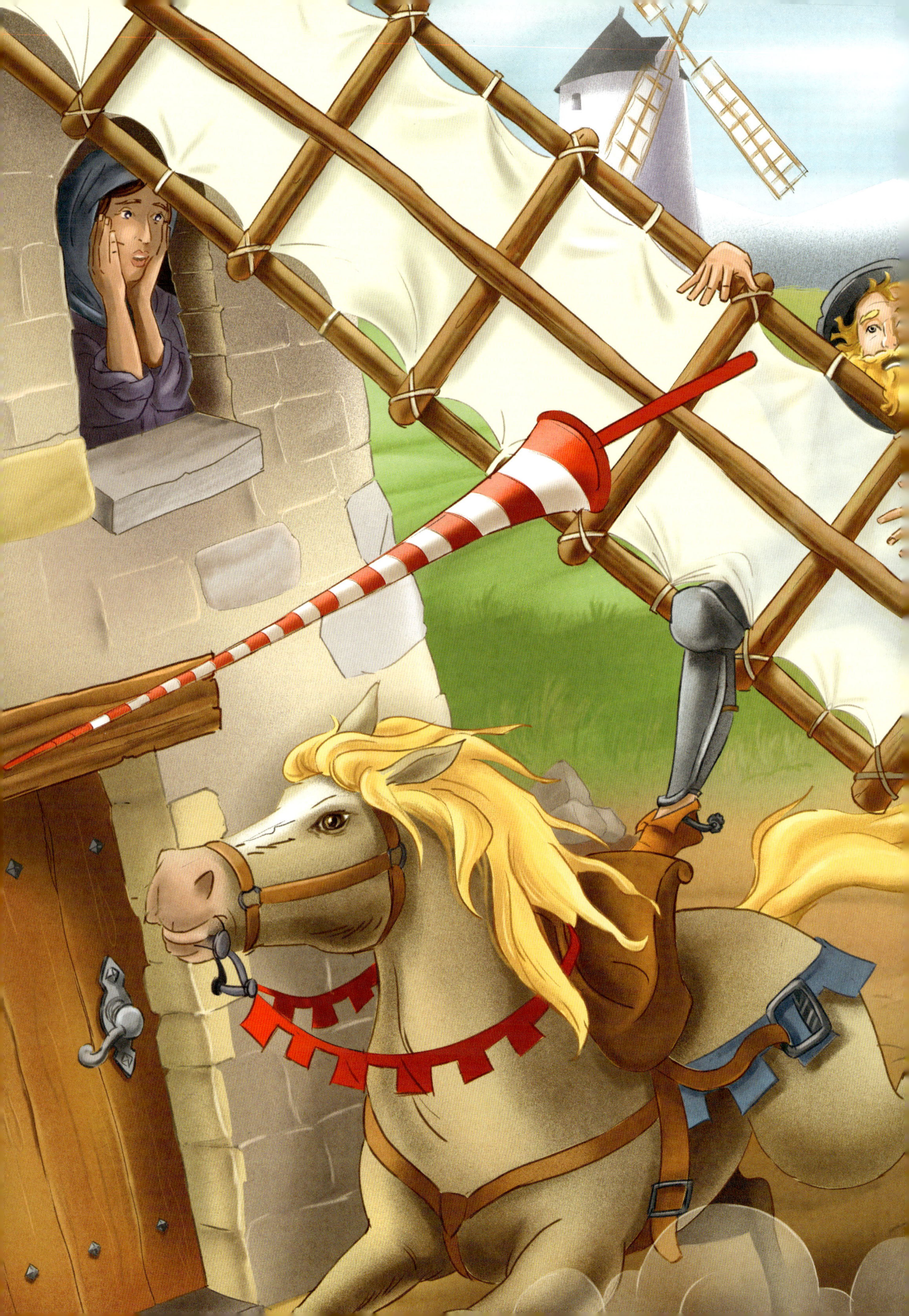

ras. De repente Don Quijote percibió en la distancia algo que le llamó la atención.

"¡Mira, Sancho!", exclamó. "¡Veo allí treinta, o pocos más, desaforados gigantes que me hacen señas! ¡La tierra será un lugar mejor cuando yo acabe con ellos!"

Sancho miró a donde Don Quijote señalaba.

"¿Gigantes?", preguntó Sancho. "Sólo veo unos molinos, con sus astas que giran al viento."

"Te equivocas", dijo Don Quijote. "He leído muchos libros de caballerías y sé bien cómo son los gigantes. ¡Voy a entrar con ellos en batalla!"

Sancho trató de convencerle de que no eran gigantes.

"Yo no he leído libros", dijo Sancho, "pero puedo ver que esos son molinos para moler trigo".

"¡Pobre Sancho!", dijo Don Quijote riendo, y espoleó al pobre de Rocinante, que salió a todo el galope que le permitieron sus fuerzas. Lanza en ristre, embistió contra el aspa del molino. En ese momento, un golpe de viento hizo girar el aspa, tirando a Don Quijote que rodó por tierra.

Sancho corrió en su ayuda, viendo que Don Quijote estaba muy maltrecho.

"¿No le dije a su merced que no eran sino molinos de viento?", dijo Sancho.

Don Quijote se levantó, se sacudió el polvo de su armadura y dijo:

"Puede que ahora sean molinos, pero antes eran gigantes. Un hechicero los convirtió en molinos para protegerlos de mi ataque."

El pobre de Sancho se encogió de hombros y ayudó a Don Quijote a montar su caballo. "¡Ah, qué Don Quijote! ¿Cuándo iría a aprender?"

Lanza en ristre, embistió contra el aspa del molino. En ese momento, un golpe de viento hizo girar el aspa, tirando a Don Quijote que rodó por tierra.

53

VALOR PARA VIVIR: LEALTAD

Huck rompe su carta

Huckleberry Finn estaba hecho un lío. Durante semanas había navegado en una balsa, siguiendo el curso del Mississippi, después de huir de casa. Su padre era famoso en Hannibal, Missouri, por beber demasiado y maltratar a su hijo, y un día Huck logró escapar de la cabaña en donde su padre solía encerrarlo.

Antes de vivir con su padre, Huck había vivido con Miss Watson, una anciana que tenía un esclavo llamado Jim. Una noche, Jim escuchó que un tratante de esclavos ofrecía comprarlo a Miss Watson. Temiendo ser vendido y alejado de su familia, Jim huyó, escondiéndose en una isla cercana — la misma a la que Huck llegó huyendo de su padre. Jim y Huck decidieron viajar juntos para salvarse.

Navegando río abajo, los dos amigos corrieron numerosas aventuras. En cierta ocasión, Huck se disfrazó de niña para despistar y obtener noticias de su casa. En otra, Huck puso una serpiente muerta entre la cobija de Jim para divertirse asustándolo. Pero otra serpiente viva se deslizó hasta donde estaba su compañera y picó a Jim, quien estuvo a punto de morir. Después de aquello, Huck se prometió a sí mismo no volver a gastar ese tipo de bromas a nadie.

Una noche, un gran barco de vapor chocó contra la balsa de Jim y Huck. Éstos tuvieron que saltar y bucear al fondo para esquivar los golpes de la rueda de palas. Uno y otro nadaron a la orilla contraria y, por un tiempo, cada uno pensó que el otro había muerto.

Ahora Huck vacilaba. Su amigo Jim había sido capturado por personas que, sospechando que era un esclavo huido, buscaban obtener de su antigua

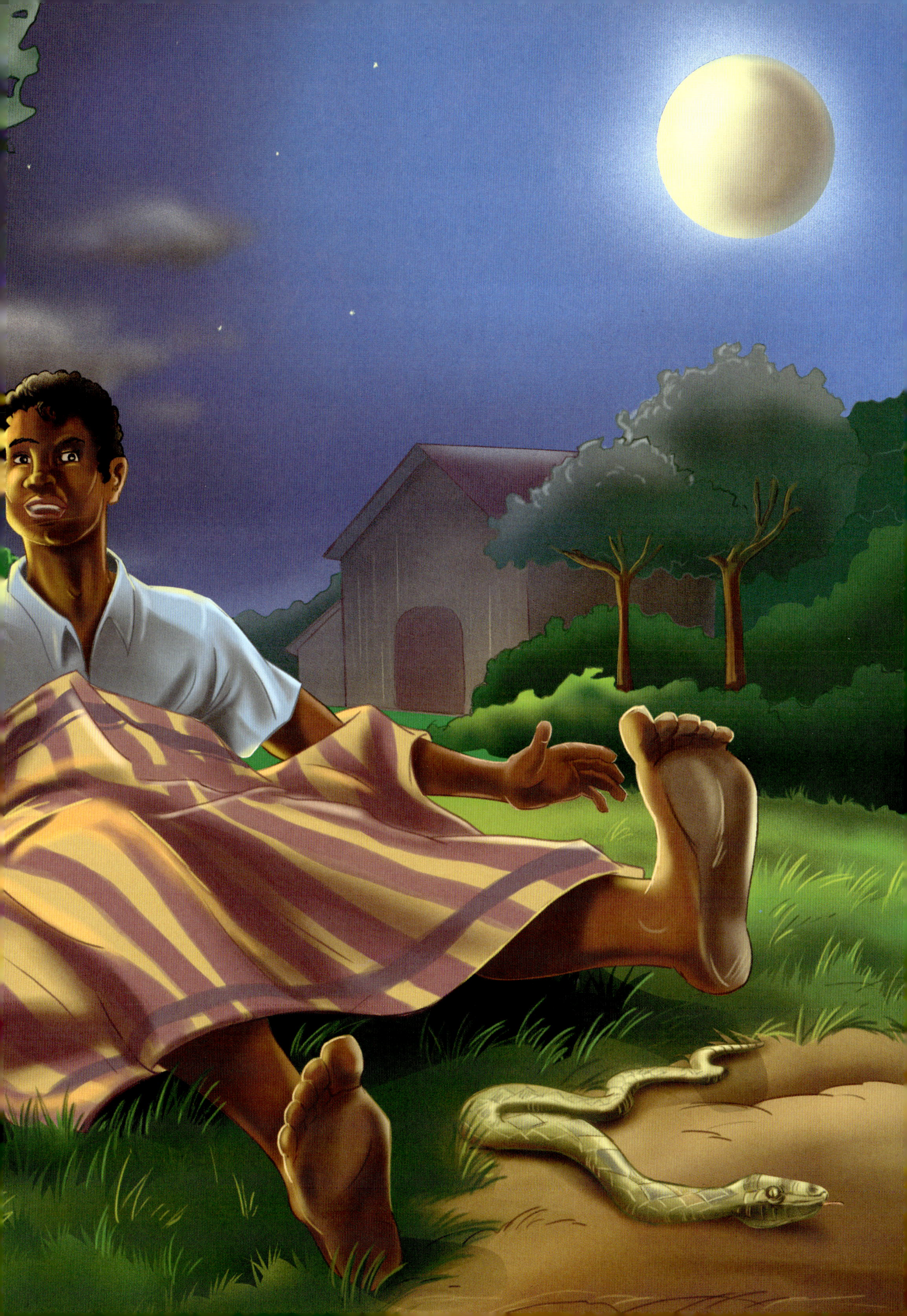

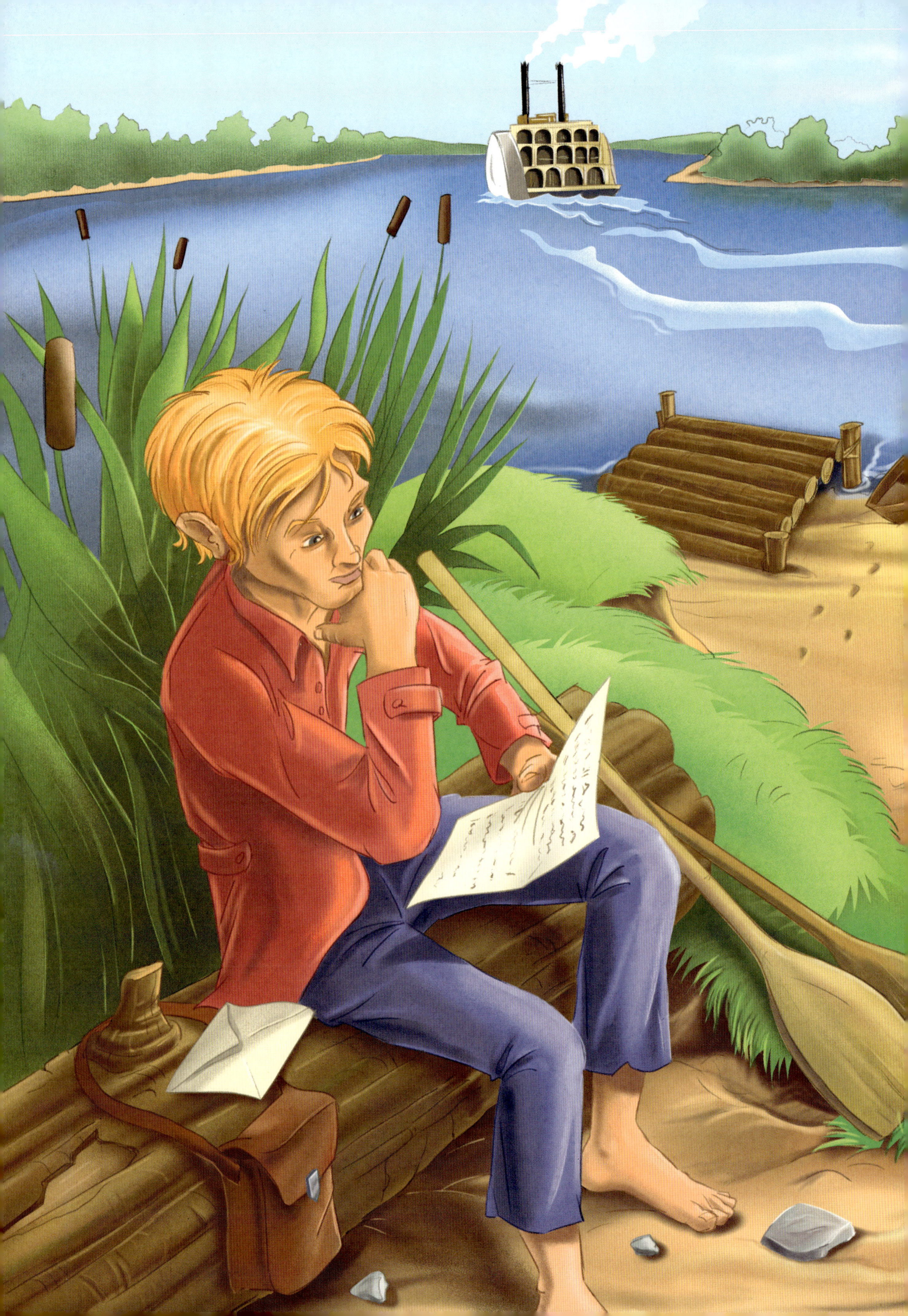

ama una recompensa, aunque desconocían quién era ella y dónde vivía. Pero Huck sí lo sabía.

Huck también sabía que las normas dictaban que debía ayudar a Miss Watson a recuperar a su esclavo, ya que en ese tiempo era común comprar y vender esclavos como cualquier otra propiedad.

Con titubeos, Huck escribió una carta a Miss Watson para informarle del paradero de Jim.

Pero luego reflexionó.

Recordó las veces en que había visto a Jim llorar por sus hijos; recordó las muchas noches en que Jim, en lugar de despertarlo para turnarse a vigilar la balsa, le dejó descansar.

Huck sabía que Jim no era propiedad de nadie, sino un ser humano más, con sentimientos. Más aún, Jim era su amigo. De pronto, rompió la carta. Huck había decidido que, aun cuando los demás no lo aprobaran, ayudaría a Jim a obtener su libertad.

Huck sabía que Jim no era propiedad de nadie, sino un ser humano más, con sentimientos. Más aún, Jim era su amigo.

57

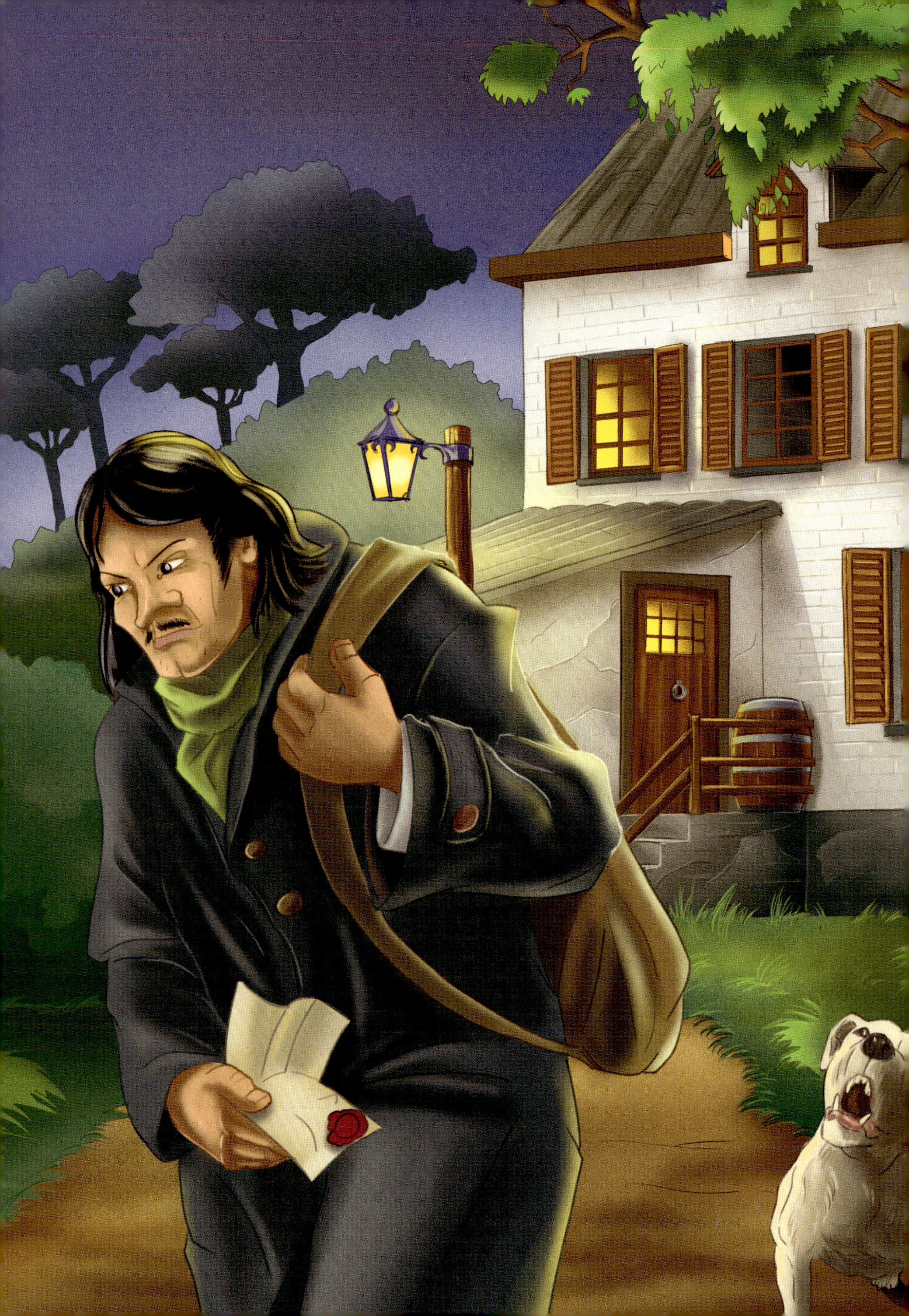

VALOR PARA VIVIR: PERDÓN

El obispo y Jean Valjean

Un viento frío soplaba en la población de Digne cuando Jean Valjean abrió la gruesa puerta de la posada y se inclinó para entrar.

"Deseo un cuarto para esta noche", le dijo al posadero.

"Sí, señor", dijo éste, acercándole el libro de registro. "Firme aquí, por favor, y muéstreme su identificación."

Jean sintió entonces que su rostro ardía de vergüenza. De su bolsa, extrajo un papel amarillo y lo entregó al posadero.

"¡En este papel dice que es usted un delincuente!", dijo el hombre.

"Acabo de salir de la cárcel", explicó Jean. "Hace muchos años, robé un pan para que los hijos de mi hermana pudieran comer. ¡Tenían mucha hambre!"

El posadero retiró de las manos de Jean el libro de registro.

"¡Fuera de aquí!", le dijo.

"¡Pero si he cumplido toda mi condena!", dijo Jean. "¡Estuve preso diecinueve años! ¡Sin duda, he pagado con creces mi deuda por una pieza de pan!"

Pero el posadero se negó a escucharlo y lo mismo ocurrió en las demás posadas a donde llamó.

Jean se disponía a dormir a la intemperie, en medio de la noche helada, cuando, desesperado por el frío y el hambre, tocó a la puerta de una iglesia. Para su sorpresa, allí sí lo recibieron.

"Soy un ex presidiario", dijo Jean, pero Monseñor Myriel era un hombre bondadoso que le procuró una cena caliente y una cama limpia y blanda.

Sin embargo, Jean desconfió del obispo y, mientras Monseñor dormía, robó parte de los objetos de plata de la iglesia y escapó en la oscuridad.

Unos gendarmes vieron a Jean que corría y le dieron alcance. Al registrarle, encontraron la plata robada de la iglesia.

"Quien roba una vez, robará diez", dijo un gendarme. Pero en aquel momento Monseñor Myriel llegaba corriendo, en busca de Jean.

"¡Estimado caballero!", dijo el obispo. "Salió usted con tanta prisa que olvidó llevarse los candeleros que también le regalé."

Jean sabía que el obispo no le había regalado los candeleros. ¿Qué pretendía, pues, Monseñor? Los gendarmes tampoco sabían qué hacer.

"Bien", dijeron, "no podemos apresarte si Monseñor te regaló estas cosas. Puedes marcharte."

Cuando los gendarmes se retiraron, Jean regresó con el obispo a su casa.

El obispo Myriel le dijo a Jean: "Estoy seguro de que puedes ser un hombre bueno si tú quieres. Usa toda esta plata para convertirte en un ser honrado. Es mi regalo para que comiences una nueva vida y ayudes a los necesitados."

Jean se conmovió profundamente por este acto de perdón y dedicó el resto de sus días a hacer el bien a los demás.

El obispo Myriel le dijo a Jean: "Estoy seguro de que puedes ser un hombre bueno si tú quieres. Usa toda esta plata para convertirte en un ser honrado."

Glosario

Buen juicio
Tomar decisiones sensatas. Elegir con sabiduría qué hacer.
Don Quijote demostró ser valiente, pero tener poco juicio cuando arremetió contra los molinos de viento.

Camaradería
Tener camaradería es tener espíritu deportivo, competir esforzadamente, de manera justa y cortés.
Cuando Roldán y Oliveros lucharon frente a frente, asombraron a la multitud al demostrar su camaradería.

Compartir
Permitir que otros hagan uso de aquello que te pertenece.
Duraznito compartió sus ravioles con sus amigos cuando partió hacia el castillo de los ogros.

Compasión
Literalmente, "sufrir juntos", sentir pena por el sufrimiento ajeno.
El hermano Martín sentía compasión por los pobres, incluso al punto de ceder su propia cama a un mendigo.

Confianza en uno mismo
Creer en uno mismo. Tener autoconfianza, seguridad en sí mismo.
El librero confió en que encontraría su tesoro, a pesar de que los demás se reían de él.

Empatía
Ponerse uno mismo en la situación de otro. Comprender los sentimientos de otros.
El joven príncipe Cerezo no tenía empatía por nadie, no le importaban los demás, sino sólo él mismo.

Esperanza
Desear algo y creer que serás capaz de lograrlo.
Frederick Douglas nunca perdió la esperanza de aprender a leer algún día.

Fe
Creer o confiar en lo que otros nos dicen. Creer en algo.
Al volverse ciega y sorda, Helen Keller quedó atrapada en su propio mundo, pero los padres de Helen tuvieron fe en que Annie Sullivan lograría que Helen se liberara.

Lealtad
Ser fiel a una persona o a un grupo.
Huck demostró tener lealtad a Jim cuando se negó a entregarlo como esclavo fugitivo.

Liderazgo
Ser el primero en adoptar una actitud o tomar una decisión –especialmente cuando ésta es difícil o arriesgada.
El ciervo Topacio fue un verdadero líder cuando decidió hacer frente él mismo al rajá y a los cazadores.

Perdón
Perdonar a alguien que te ha hecho un daño.
El obispo Myriel perdonó a Jean Valjean por haberle robado sus objetos de plata.

Perseverancia
No rendirse hasta alcanzar el logro de un proyecto u objetivo.
Yu perseveró en su propósito de pedir ayuda para salvar a su hermano Nikki Tikki Tumbo.

Previsión
Planear sabiamente para el futuro.
La previsión de Ulises al planear que sus hombres se ocultaran entre las ovejas les permitió escapar del cíclope.

Sacrificio
Renunciar a algo bueno en aras de un propósito más elevado.
El cuervo Arco Iris sacrificó sus magníficas plumas y su bello trino para llevarles el fuego a los animales.